As Exigências do Silêncio

Dados Internacionais de Catalogação na Publicação (CIP)
(Câmara Brasileira do Livro, SP, Brasil)

Grün, Anselm
  As exigências do silêncio / Anselm Grün ; tradução de Carlos Almeida Pereira. 11. ed. – Petrópolis, RJ : Vozes, 2014.
  Título original: Der Anspruch des Schweigens.

  6ª reimpressão, 2024.

  ISBN 978-85-326-2977-7
  1. Silêncio – Aspectos religiosos – Cristianismo
I. Título.

03.7357   CDD-248.47

Índices para catálogo sistemático:
1. Silêncio : Desenvolvimento espiritual : Vida
      Cristã : Cristianismo   248.47

Anselm Grün

As Exigências do Silêncio

Tradução de Carlos Almeida Pereira

Petrópolis

© Vier-Türme Verlag GmbH
D-97359 Münsterschwarzach Abtei

Tradução do original em alemão intitulado
Der Anspruch des Schweigens

Direitos de publicação em língua portuguesa:
2004, Editora Vozes Ltda.
Rua Frei Luís, 100
25689-900 Petrópolis, RJ
www.vozes.com.br
Brasil

Todos os direitos reservados. Nenhuma parte desta obra poderá ser reproduzida ou transmitida por qualquer forma e/ou quaisquer meios (eletrônico ou mecânico, incluindo fotocópia e gravação) ou arquivada em qualquer sistema ou banco de dados sem permissão escrita da editora.

Conselho editorial

Diretor
Volney J. Berkenbrock

Editores
Aline dos Santos Carneiro
Edrian Josué Pasini
Marilac Loraine Oleniki
Welder Lancieri Marchini

Conselheiros
Elói Dionísio Piva
Francisco Morás
Gilberto Gonçalves Garcia
Ludovico Garmus
Teobaldo Heidemann

Secretário executivo
Leonardo A.R.T. dos Santos

Produção editorial

Aline L.R. de Barros
Marcelo Telles
Mirela de Oliveira
Otaviano M. Cunha
Rafael de Oliveira
Samuel Rezende
Vanessa Luz
Verônica M. Guedes

Conselho de projetos editoriais
Isabelle Theodora R.S. Martins
Luísa Ramos M. Lorenzi
Natália França
Priscilla A.F. Alves

Editoração e org. literária: Fernanda Rezende Machado
Capa: Marta Braiman

IISBN 978-85-326-2977-7 (Brasil)
ISBN 3-87868-126-7 (Alemanha)

Este livro foi composto e impresso pela Editora Vozes Ltda.

Sumário

Abreviações, 7

I - O silêncio como luta contra o pecado e o vício, 9
    1. Os perigos do falar, 10
    2. O silêncio como caminho para o autoencontro, 17
    3. O silêncio como vitória sobre os vícios, 31
    4. O reto falar, 37

II - O silêncio como desapego, 45
    1. O método do desapego, 47
    2. O silêncio como morte, 56
    3. O silêncio como peregrinação, 59
    4. O silêncio como liberdade e serenidade, 65

III - O silêncio como abertura para Deus, 69
    1. O silêncio como escuta, 69
    2. O silêncio como plenitude da oração, 76

Abreviações

Apo – Apophthegmata Patrum, citado de acordo com a tradução alemã de B. Miller, Weisung der Väter, Freiburg 1965. Os números indicam o número do apotegma segundo a contagem de Miller.

RB – Die Regel St. Benedikts, tradução alemã de B. Steidle, Beuron 1952. As passagens indicadas seguem a edição de Ph. Schmitz, Maredsous 1955.

O silêncio como luta contra o pecado e o vício

O silêncio é empregado pelos monges como um meio na luta pela pureza do coração, a pureza e honestidade interior. Em primeiro lugar ele serve para evitar os muitos pecados que todos os dias nós cometemos com a língua. São Bento, em sua regra, fundamenta o silêncio com uma frase do livro dos Provérbios: "No muito falar não faltará o pecado" (Pr 10,19; RB 6). Esta parece ser uma razão muito negativa. Não se consegue perceber aqui coisa nenhuma do elogio do silêncio. Devemos fazer silêncio porque do contrário estaríamos continuamente pecando. Os monges, ao que tudo indica, fizeram experiências muito negativas com o falar. Logo que se abre a boca já se corre perigo de pecar. Um dito dos patriarcas expressa isto:

> Uma vez o patriarca Sísoes disse, cheio de confiança: "Eis que já se passaram trinta anos que não rezo a Deus por causa de um pecado, mas por isso eu rezo: Senhor Jesus, protegei-me contra minha língua – e no entanto eu ainda peco e caio diariamente pela língua" (Apo 808).

1. Os perigos do falar

São sobretudo quatro os perigos que, de acordo com a experiência dos monges, traz consigo o falar:

O primeiro perigo é a curiosidade:

> Um dos patriarcas costumava dizer: Um monge nunca deve andar atrás de saber como é este ou aquele; tais perguntas apenas o afastam da oração e levam às calúnias e às conversas vãs; por isso o melhor é calar-se inteiramente (Apo 996).

A curiosidade leva à distração. A pessoa distraída ocupa-se com todas as coisas. É vazia e superficial. O pensamento de Deus não pode permanecer nela. Nada pode nela amadurecer. Isto é drasticamente descrito em um aforismo:

> Alguns irmãos de Sketis iam visitar o patriarca Antão. Para chegar até onde ele se encontrava embarcaram em um navio. Ali encontraram um velho que também queria ir

para lá, mas os irmãos não o conheciam. Enquanto estavam no navio, eles conversavam uns com os outros sobre os ditos dos padres, sobre palavras da Escritura, e também sobre seus trabalhos manuais. O velho, porém, permanecia calado. Quando chegaram ao destino, viu-se que o velho também ia para o patriarca Antão. Chegando eles à sua presença, Antão lhes disse: "Encontrastes um bom companheiro neste ancião". E disse também a este: "Gente boa tens contigo". O ancião replicou: "Bons, bem que eles são, mas sua fazenda não tem porta e qualquer um pode entrar no estábulo e soltar o burro". Isto ele disse porque eles falavam tudo que lhes dava na cabeça (Apo 18).

Quando alguém não é capaz de guardar nada para si e tem necessidade de falar a respeito de tudo, tanto do bem quanto do mal, passa a impressão de que não possui profundidade. Não conhece segredos. Não consegue viver com segredos, não consegue suportá-los. Mas então também ele não é capaz de penetrar mais profundamente em um mistério. Destrói o mistério, porque logo quer falar a respeito dele. Nesse contínuo falar, em última análise manifesta-se um medo do mistério, talvez até um medo do próprio Deus. Quando falamos, nós queremos dar nome a tudo, queremos penetrar tudo, fazer com que tudo se torne transmissível, e assim termos domínio sobre tudo. Quando eu falo sobre alguma coisa, eu a domino. Lanço-a para o outro. Portanto ela não poderá derrubar-me.

O segundo perigo do falar é o de julgar os outros. Se observarmos cuidadosamente o que falamos, veremos que uma grande parte é a respeito dos outros. Continuamente nós nos demoramos a falar sobre os outros. Pois os outros, como são interessantes! Continuamente eles nos fornecem assunto para conversa. Mesmo quando queremos falar sobre os outros positivamente, nós sempre nos surpreendemos julgando, classificando, ou então comparando-nos a eles. Com bastante frequência falar sobre os outros é falar sobre si mesmo, sem que disto se tome consciência. Falamos sobre as coisas que gostaríamos de ter, ou sobre coisas que nos incomodam, que nos causam insegurança ou que nos provocam. Mas quando falo sobre os outros eu esqueço que estou falando sobre mim mesmo e sobre meus problemas. E assim isto quase nunca me leva a me conhecer melhor, antes levando-me a rejeitar a auto-observação sincera. Procuramos distanciar-nos da própria realidade falando dos outros. E no entanto, qualquer observador pode perceber que continuamente nós estamos nos traindo. A um ouvinte atento nosso falar revela qual é a nossa situação, em que é que estamos pensando, com que nos ocupamos, o que não conseguimos superar interiormente. Nossa linguagem trai aos outros as nossas emoções e desejos, nossos planos, nossas motivações, nossos problemas e complexos.

Um terceiro perigo do falar é para os monges a vaidade. Aquele que fala muito, frequentemente coloca-se no centro. Sempre de novo ele volta a falar de si, põe-se debaixo da lâmpada para que os outros lhe deem a devida atenção. Assim diz Clímaco:

> A tagarelice é o trono da vanglória, onde ela senta-se em juízo sobre si mesma e toca o trombone sobre si para o mundo inteiro[1].

Quem fala quer ser levado em conta. Quem fala espera ser ouvido, ser levado a sério. E com bastante frequência espera ser reconhecido, ou mesmo admirado. Sem perceber, a gente torce as palavras de modo a provocar reconhecimento. Assim o falar serve com frequência para satisfazer a vaidade.

O quarto perigo do falar consiste em se negligenciar a vigilância interior. Ao falar a gente constantemente esquece a vigilância sobre si próprio. Um dito dos padres expressa isto da seguinte maneira:

---

1. CLIMACUS, Johannes. *Die Leiter zum Paradiese*. Regensburg: [s.e.], 1874, p. 163 [Tradução alemã por um padre católico].

> O Abade Diádoco dizia: "Assim como as portas do banho quando ficam sempre abertas rapidamente deixam o calor escoar-se de dentro para fora, assim também quem muito fala, mesmo que fale de coisas boas, deixa sua lembrança fugir pelo portão da voz" (II,12).

Com a palavra lembrança (*mneme*) Diádoco está se referindo ao estar-em-si, ao fixar-se em Deus, ao pensar em Deus. No falar eu sempre de novo me afasto de mim mesmo e do meu centro e passo por cima das barreiras interiores que ergui para criar ordem nas minhas ideias e sentimentos. H. Nouwen, um padre e psicólogo holandês, teve esta experiência quando durante sete meses esteve em um mosteiro trapista. Ele escreve:

> Silêncio. Não resta dúvida: o silêncio é de grande importância para mim. Durante a última semana, com esta saída para New Haven, que foi cheia de discussões e diálogos, além de muitas conversas telefônicas aparentemente necessárias e de uma série de conversas com os monges, cada vez mais o silêncio foi deixando de ser parte da minha vida. Com a ausência do silêncio desenvolveu-se uma espécie de sentimento de sujeira interior. De início eu não sabia por que de certa forma sentia-me sujo, empoeirado e impuro, mas com o passar do tempo fui per-

cebendo que a causa mais importante para isto deve ter sido a falta do silêncio. Tomo consciência de que, com as palavras, sentimentos ambíguos penetram em minha vida. Parece-me ser quase impossível falar sem ao mesmo tempo pecar. Mesmo na mais exigente discussão, introduz-se alguma coisa que parece poluir a atmosfera. Inexplicavelmente o falar diminui minha capacidade de vigilância e de abertura, torna-me mais egocêntrico. Após minha discussão com os estudantes em New Haven, no último domingo, senti-me não apenas cansado e exausto, mas também como se tivesse tocado em alguma coisa que não era para ser tocada; como se tivesse deformado alguma coisa ao falar a respeito dela; como se tivesse tentado pegar uma gota de orvalho. Depois senti-me perturbado e não consegui dormir.

São Bento fala com muita clareza sobre a importância do silêncio. Ele acha que mesmo sobre as coisas boas é melhor se ficar calado do que falar. Com isto ele parece querer dizer que é praticamente impossível falar-se de coisas boas sem com isto também se entrar em contato com as coisas más, assim como é impossível comer carne sem antes haver matado um ser vivo[2].

---
2. NOUWEN, H.J.M. *Ich hörte auf die Stille*. Freiburg: [s.e.], 1979, p. 124.

Bento quer chamar nossa atenção para o fato de que em todo o nosso falar o mal consegue insinuar-se. Mas o fato de sabermos disto não nos deve fazer sucumbir ao medo nem à culpa. Se assim fosse, nada mais poderíamos dizer, para não cometermos nenhum pecado. Mas o que é importante para Bento não é a pureza em relação ao pecado, mas sim que não devemos nos iludir pensando que ao buscar os nossos ideais nós já sejamos quase perfeitos. A experiência de que em todo o falar nós sempre de novo pecamos não deve deixar-nos oprimidos. Não devemos imaginar que estejamos sempre com a consciência pesada. Do contrário haveríamos de nos tornar escrupulosos. Antes devemos sempre unir a experiência de nossa ambiguidade no falar com a certeza de que Deus nos aceita assim como somos. Por isso Bento exige de seus monges que nunca duvidem da misericórdia de Deus (RB 4,90). Existe uma certa pitada de humor no fato de sempre nos surpreendermos como pecadores no nosso falar, um humor que está radicado precisamente na certeza de sermos aceitos e amados por Deus. Então a experiência da própria fraqueza leva-nos não a um medo escrupuloso da culpa, mas antes a um sentimento de liberdade interior. A imagem ideal que carrego de mim mesmo em meu coração, e a que me apego convulsivamente, vai sendo cada vez mais desmontada, eu não preciso mais carregá-la comigo, e onde quer que esteja eu posso ver-me de uma maneira nova. Isto deixa-me livre para mim mesmo. Eu não preciso identificar-me com minha imagem ideal, eu posso ser quem eu sou, porque Deus me ama assim como eu sou. Portanto a experiência dos perigos acarretados pelo falar é ao mesmo tempo a experiência de estarmos acolhidos e protegidos no amor e no perdão de Deus.

2. O silêncio como caminho para o autoencontro

São Bento quer que seus monges pratiquem o silêncio para que pequem menos. Mas quando analisamos melhor os escritos monásticos, nós descobrimos também outras funções mais positivas para o silêncio. O silêncio é uma forma de o monge encontrar-se consigo mesmo. Frequentemente nós ficamos surpresos de como fugimos de nós mesmos, de como não gostamos de estar sós. E quando estamos sós, precisamos de uma ocupação qualquer. Ernesto Cardenal, que como noviço trapista foi discípulo de Thomas Merton, descreve esta experiência:

> O homem moderno já acha difícil estar só; ir em busca dos fundamentos do seu próprio eu é quase impossível para ele. E quando alguma vez permanece consigo mesmo no cantinho silencioso, e estiver quase chegando ao conhecimento de Deus, ele liga o rádio ou a televisão[3].

Rádio e televisão oferecem a possibilidade de se evitar o encontro consigo mesmo. Outros não conseguem suportar ficarem inativos, simplesmente ficarem sentados e em silêncio. Isto os torna nervosos. Têm necessidade de uma ocupação qualquer. Arrumam o quarto, ou fazem planos para qualquer coisa.

Silêncio não quer dizer apenas deixar de falar, mas significa também que eu desisto das possibilidades de fuga e que me suporto assim como eu sou. Não renuncio apenas a falar mas também a todas as ocupações que me desviam de mim mesmo. No silêncio eu me forço a pelo menos uma vez permanecer comigo mesmo. Quem quer que tente isto há de descobrir que de início não é nada agradável. Aparecem ideias e sentimentos de toda espécie, emoções e estados de ânimo, medos e relutâncias. Vêm à tona os desejos e as necessidades contidas, cresce a raiva reprimida, ocorrem-nos as oportunidades perdidas, as palavras que deixaram de ser di-

---

3. CARDENAL, E. *Das Buch von der Liebe*. 4. e.d. Hamburgo: [s.e.], 1976, p. 24.

tas ou que não foram bem escolhidas. Muitas vezes os primeiros momentos de silêncio nos revelam nossa confusão interior, o caos de nossos pensamentos e desejos. Um caos que nos é doloroso suportar. Defrontamo-nos com as tensões interiores que nos angustiam. Mas no silêncio estas tensões não podem escoar-se. No silêncio nós descobrimos qual é a nossa situação. Ficar em silêncio é como analisá-la. Não podemos iludir-nos, vemos o que está acontecendo dentro de nós.

Para muitos esta experiência é tão desagradável, ou mesmo tão opressiva e angustiante, que eles não conseguem suportá-la por muito tempo. Têm que falar sobre isto, têm que discutir seus problemas com outros. Isto os ajuda a suportar suas tensões. O falar pode trazer clareza para a confusão interior. Os antigos monges conheciam a prática de falar sobre seus pensamentos mais íntimos com um patriarca experiente, manifestar-lhe seus pensamentos. Era mesmo considerada uma obrigação do monge manifestar seus pensamentos a um confrade, mas unicamente a um. O monge não devia andar de casa em casa com seus problemas, mas ser aconselhado apenas por um. Quem se recusa a fazer isto é considerado como orgulhoso. Se alguém apenas quer ficar calado, achando que pode resolver tudo sozinho, este nem é considerado monge pois faz parte da essência da vida monástica a prontidão para revelar seu estado a um monge mais idoso e experiente.

Hoje em dia nós temos bastante compreensão para o significado da confidência como remédio. Muitas pessoas, justamente por serem hoje incapazes de verdadeira comunicação, precisam reaprender a confidenciar, a fim de com isto libertarem-se de suas tensões interiores. Para muitos constitui um problema o fato de não poderem falar sobre aquilo que os fere no mais íntimo de si. Engolem tudo, a raiva, a dor e a decepção, ficam interiormente amargurados, chegando ao ponto de com isto contraírem úlceras gástricas. Para estes seria importante aprender a falar sobre si e sobre suas feridas.

Mas além do confidenciar suas ideias e sentimentos, os monges conhecem também o silêncio como remédio. Isto pode talvez parecer-nos estranho, porque somos exageradamente inclinados a associar o silêncio à repressão. Mas também pode ser útil que primeiro suportemos os problemas em silêncio, sem logo termos que falar sobre eles. Os processos íntimos também podem ser prejudicados pelo falar. Para muitos é quase um vício estarem sempre falando sobre sua vida interior. Eles cultivam seus problemas, mostrando-os a qualquer um. Para os monges o silêncio possui uma função terapêutica. O silêncio deve servir de ajuda para se manter distância da excitação e da raiva, para conhecer-se a si próprio, não dirigindo de imediato sua raiva contra o outro, mas controlando-a primeiro a fim de analisá-la. Antes de reagir com raiva contra o outro, deve-se primeiro penetrar em silêncio na razão de sua própria raiva. Deveríamos primeiramente refletir se nosso rancor realmente se fundamenta no comportamento do outro ou em nós mesmos, se não estamos reagindo de uma maneira desproporcionada à palavra ofensiva do outro. E devíamos interrogar-nos até que ponto o rancor não procede de uma expansão exagerada do próprio eu. João Eudes, o abade do mosteiro trapista em que H. Nouwen permaneceu por 7 meses, diz sobre Nouwen, que não conseguia controlar sua raiva:

> A raiva muitas vezes revela como a gente pensa e sente a respeito de si próprio e qual a importância que a gente atribui às próprias ideias e opiniões. Quando Deus voltar a ocupar o centro de tua vida e conseguires apresentar-te a ele com tuas fraquezas, então talvez possas ganhar distância para deixares passar o teu rancor e voltares a orar[4].

---

4. NOUWEN, 41.

O silêncio pode ajudar-nos a ganhar distância em relação às nossas raivas e rancores.

São Bento emprega o silêncio como remédio para os irmãos que foram castigados com a exclusão da comunidade. Quem tiver procedido erroneamente deve ficar entregue ao silêncio. Ninguém deve falar com ele:

> Mas quem tiver se envolvido com uma grave transgressão seja excluído da mesa e do lugar de oração. Nenhum irmão entre de nenhuma maneira em comunhão com ele nem fale com ele. Que ele fique sozinho no trabalho de que foi encarregado, e que permaneça em contrição e lágrimas (RB 25).

Aqui o silêncio é a um só tempo castigo e remédio. Ao irmão que caiu o silêncio deve oferecer a possibilidade de entrar em si, de sentir pesar de si e de arrepender-se da falta. Assim no silêncio a cura pode realizar-se. Se falasse com outros, com demasiada facilidade ele procuraria justificar-se a si próprio e ao seu comportamento, acusaria o abade e imploraria compaixão. O silêncio tem como efeito a distância em relação a si mesmo. No primeiro momento sempre se buscará colocar a culpa sobre os outros, sempre a pessoa há de sentir-se injustiçada. É preciso primeiro um certo tempo de silêncio para que se volte a ver-se a si próprio com mais clareza.

O silêncio ainda possui outras funções terapêuticas. Ele pode trazer ordem para o caos interior de nossas emoções e de nossa agressividade.

> Um irmão me contou. O Abade Poimen disse-me: "Vós sois um jarro vazio. Quando alguém enche o jarro com serpentes, víboras e escorpiões, e quando ele deixa tampado este jarro cheio, não irão todos estes bichos morrer? E quando abris o jarro, não irão todos estes animais rastejar para fora e morder as pessoas? O mesmo acontece com o homem. Quando ele vigia sobre sua língua e deixa sua boca fechada, então todos os répteis hão de ficar lá embaixo. Mas quando faz a boca trabalhar e fala, eles saem e mordem o irmão, e o Senhor há de irar-se contra ele"[5].

No falar, todas as emoções não elaboradas podem vir à tona. Recebem ar, respiram, deixando de ser elaboradas, de ser mantidas sob as rédeas. O silêncio não reprime as emoções e agressões mas as domestica, impõe ordem sobre elas. Com o falar, as emoções sempre de novo são remexidas; com o silêncio elas podem assentar-se. É como o vinho. Quando mexido, o vinho torna-se turvo, mas quando o deixamos parado e calmo ele torna-se claro e

---

5. Les sentences des pères du désert, nouveau recueil. *Eth Coll* 13, 84. Solesmes: [s.e.], 1977 [org. por L. Regnault].

transparente. Esta capacidade do silêncio de trazer clareza ao nosso coração é descrita em uma poesia chinesa. Erhart Kästner a traduz assim:

> Quem é aquele que consegue clarear o turvo por meio da calma? Quem é que pode demonstrar toda a tranquilidade que seria necessária para clarear o opaco? Silêncio, portanto, como a capacidade de clarear a água turva[6].

Quando consegue manifestar-se, vir à tona, a excitação íntima é reforçada. Quando manifestadas, muitas vezes as excitações fixam-se umas sobre as outras. Então eu me torno rígido em relação ao outro. Mais tarde procuro defender minhas palavras ditadas pela excitação. O silêncio pode ser um meio para primeiramente elaborarmos esta excitação. Silêncio não significa não termos emoções, mas tentarmos fazer com que as emoções se acalmem. Isto não é tão simples. E os monges muitas vezes empregam tratamentos radicais. Assim é relatado a respeito do patriarca Agatão:

> Por três anos ele trazia uma pedra na boca, até aprender a guardar o silêncio (Apo 97).

O silêncio exterior pode ajudar para que as emoções interiores se acalmem. Precisamente quando

---

6. KÄSTNER, E. *Der Aufstand der Dinge*. Frankfurt: [s.e.], 1973, p. 60.

não nos entendemos bem com outra pessoa e sempre de novo ficamos excitados por causa dela, uma proibição externa de falar pode contribuir para que também a atitude interior se modifique. O silêncio é aqui uma disciplina que deve produzir uma atitude interior. Por si só isto não acontece. Mas a disciplina exterior pode ser uma ajuda para que alguma coisa se modifique no coração.

Não se trata simplesmente de engolir a raiva. Isto apenas haveria de provocar úlcera gástrica. Trata-se de elaborar. E para isto o silêncio pode ser uma ajuda. Mas o silêncio também pode ser veneno. Quando alguém acha que não tem necessidade dos outros, que é capaz de fazer tudo sozinho, então o silêncio não cura mas apenas isola. Por orgulho de não comunicar seus problemas a outro, a pessoa quer se redimir com violência no silêncio. Mas então quase sempre estas soluções são apenas aparentes. Os monges confiam à capacidade de discernimento distinguir quando é necessário calar-se e quando seria melhor falar. Pois pode perfeitamente ser necessário chamar a atenção do outro para sua conduta que nos provoca raiva. Num caso como este o silêncio não passaria de uma piedosa desculpa para nos omitirmos ao diálogo com o outro. Mas quando não demonstro logo minha raiva ao outro e, primeiramente, fico calado, então fica mais fácil saber se vale a pena falar ao outro, e em que tom devo fazê-lo. Intercalar um período de silêncio esclarece o que na minha raiva é exagerado, se minha raiva se fundamenta mais em minha insatisfação e sensibilidade do que no comportamento do outro. E assim, após o silêncio, minha reação passa a ser mais adequada. A primeira fumaça das agressões já se dissipou, e num diálogo esclarecedor eu posso falar com o outro com mais objetividade e menos emotividade. E assim a conversa pode produzir mais fruto, tanto para mim quanto para o outro.

Os monges exigem que se fique em silêncio sempre que se vê o outro errar e que se sinta a inclinação de condená-lo. Como a condenação do outro nos torna cegos para nossos próprios erros, devemos calar-nos. No silêncio poderemos então nos erros do outro descobrir nossos próprios erros. Numerosos ditos dos padres giram em torno deste tema, de como devo ir ao encontro do irmão que erra:

> O Abade Poimen disse: "O que teu olho viu, isto testemunha! (Pr 25,7). Mas eu vos digo: Mesmo que o apalpeis com a mão, não faleis disto. Neste terreno um irmão foi vítima de um engano. Ele viu como se seu irmão estivesse pecando com uma mulher. Fortemente abalado, foi lá e empurrou-os com o

> pé, convencido de que eram eles, e disse: 'Deixai disso, quanto tempo ainda?' E eis que eram apenas feixes de trigo. Por isso eu também vos digo: Mesmo que o pegueis com a mão, não julgueis" (Apo 688).

Mesmo quando se pensa conhecer exatamente o erro do irmão, poder-se pegá-lo com as mãos, não se deve julgar. Com isto não se faz justiça ao irmão, pois é muito fácil sermos vítimas de um engano, sermos enganados pela projeção dos próprios erros sobre o outro. Ficando calados, nós escapamos ao perigo de ser enganados por nossas projeções.

Para os monges, o essencial no silêncio é deixar de julgar. Isto se refere não apenas às palavras pronunciadas, mas igualmente também ao nosso falar interior.

> Mais uma vez ele (Poimen) falou: Está aí um homem que parece calar-se, mas seu coração condena os outros. Este, na realidade, fala sem cessar. E lá está um outro que fala da manhã até à noite, e no entanto observa o silêncio, isto é, ele não fala nada sem utilidade (Apo 601).

Nós estamos constantemente ocupados em compararmo-nos com os outros. Para nos sairmos bem nestas comparações, nós diminuímos o outro. Descobrimos falsos motivos no que ele faz, intenções egoístas. Sem que tenhamos consciência disto, constantemente estamos julgando as pessoas com quem nos encontramos. Nossa razão julgadora fala ininterruptamente dentro de nós. Se renunciássemos a sempre classificar, julgar, ou mesmo a logo condenar os outros, isto haveria de levar-nos à tranquilidade interior.

> Quando (Agatão) via alguma coisa e seu coração queria julgar, ele dizia para si mesmo: "Não faças isto, Agatão!" E assim o seu pensar chegou ao repouso (Apo 100).

Julgar os outros faz-nos não apenas inquietos mas também cegos para nossas próprias faltas. O silêncio no olhar os outros torna possível um conhecimento mais claro de nós mesmos, permite-nos entender o mecanismo da projeção com que transferimos nossos próprios erros para os outros, com isto tornando-nos incapazes de descobri-los em nós. Em um dito dos padres isto é descrito com muita clareza:

> Na Sketis houve uma vez uma reunião por causa de um irmão que caíra. Os patriarcas falavam, e só o Abade Prior permaneceu calado. Depois ele levantou-se, tomou um saco, encheu-o de areia e o colocou sobre o ombro. E numa cestinha levou um pouco de areia à sua frente. Os padres perguntaram-lhe o que significava isto, e ele respondeu: "Este saco cheio de areia são os meus pecados, que são muitos. E eu os coloquei atrás de mim, para que não me perturbem e eu não chore sobre eles. E vede, os poucos

> pecados de meu irmão, estes eu levo à minha frente, e emprego muitas palavras para condená-lo. Não está certo fazer assim, pelo contrário, eu deveria carregar os meus próprios pecados à minha frente e refletir sobre eles e pedir perdão a Deus." Então os padres levantaram-se e disseram: "Na verdade, é este o caminho da salvação!" (Apo 779).

Na projeção nossos olhos estão voltados unicamente para as faltas dos outros, nossas próprias faltas nós carregamos às nossas costas e por isso não podemos vê-las. No silêncio nós conservamos nossos próprios pecados diante dos olhos, nos voltamos para nossa própria situação:

> O Patriarca Pafnúcio dizia: "Eu estava em peregrinação, e aconteceu errar o caminho por causa da neblina e encontrar-me nas proximidades de uma aldeia; ali eu vi que algumas pessoas procediam de maneira vergonhosa umas com as outras. Fiquei ali e rezei pedindo perdão dos meus pecados. E eis que chegou um anjo com uma espada e disse-me: 'Pafnúcio, todos os que condenam seus irmãos perecem por esta espada. Mas tu não condenaste, mas antes te humilhaste diante da face de Deus, como se tu mesmo tivesses cometido este pecado. Por isso o teu nome está inscrito no livro da vida'" (Apo 786).

O pecado dos outros é uma ocasião para refletirmos sobre nossos próprios pecados. Renunciando a condenar e observando o silêncio, torno-me capaz de me reconhecer como pecador. Assim aconselha um patriarca:

> Quando vires alguém pecar, reza ao Senhor e diz: Perdoa-me, porque eu pequei[7].

No silêncio nós não olhamos para os outros mas sim para nós, e nos confrontamos com aquilo que descobrimos em nós mesmos. Como não conhecemos as condições sob as quais o outro age, proibimo-nos qualquer julgamento, e em vez disso deixamos que o comportamento do outro interprete o nosso. A falha do outro passa a ser um espelho em que reconhecemos as nossas com mais clareza.

O silêncio face aos erros do outro possui ainda uma outra função. Ele deve curar o outro. Assim relata-se a respeito do Abade Macário:

> Do Patriarca Macário o Grande contava-se que, como se diz na Escritura, ele era um Deus na terra (Sl 82,6); pois como Deus protege e defende o mundo, assim o Patriarca Macário protegia as fraquezas que via como se não as visse, e o que ouvia como se não o ouvisse (Apo 485).

---

7. Les sentences: *Eth Coll* 13, 40.

O revelar as faltas do outro pode desencorajá-lo, o encobri-las com o silêncio cura-o. Aqui o silêncio é expressão do amor com que o outro é aceito, com que a pessoa não se eleva sobre o outro mas tem consciência de sua própria fraqueza, por haver-se encontrado consigo mesma no silêncio.

3. O silêncio como vitória sobre os vícios

Basta nos observarmos um pouco quando não estivermos ocupados, quando nossa atenção não estiver presa ao trabalho, à leitura ou a outra atividade qualquer. Em que é que pensamos nessas ocasiões? Que pensamentos nos surgem, por exemplo, quando passeamos, ou quando temos que esperar em algum lugar, no dentista, no ponto do ônibus? Que é que nos vem à cabeça antes de adormecermos? Estes pensamentos que surgem sem controle revelam o nosso estado interior. Os monges recorriam a estes pensamentos para saber se não estavam presos a um dos oito vícios: gula, luxúria, cobiça, tristeza, ira, inércia (acídia), vaidade ou orgulho. Pois podemos examinar-nos quantas vezes, mantendo-nos exteriormente em silêncio, pensamos na comida, ou quantas vezes desejamos alguma coisa, como sonhamos com as coisas que nos parecem desejáveis, com um carro, um disco ou um pulôver. Ou será que surgem em nós fantasias sexuais? Ou nos entregamos a pensamentos de raiva ou de tristeza? Hoje está na moda a gente frustrar-se e aderir a sentimentos de frustração, de modo que qualquer um já pode ver isto na cara. Os antigos monges diriam que este é vítima do vício da tristeza. Ou quantas vezes nós repreendemos outros em nosso íntimo. Sem dizermos uma palavra, imaginamos brilhantes discursos com que havemos de deixar o outro por terra, mostrar-lhe que estamos certos, que somos superiores a ele. Em silêncio degustamos também o nosso rancor, alimentando-o interiormente com argumentos e palavras ofensivas. Outros têm compaixão de si mesmos, dizem de si para si nestes momentos de silêncio exterior que não adianta, que nada tem sentido, que não vale a pena esforçar-se. Seria o vício da acídia. Existem pessoas que silenciosamente se imaginam a próxima vez que irão apresentar-se no palco da vida. Antevêem sua apresentação em vista dos espectadores, para os quais querem representar seu papel de forma a arrancarem aplausos. Em silêncio imaginam as frases que poderiam ser admiradas, que iriam atrair a atenção. Ou então admiram-se a si próprios. Vivem dizendo a si próprios como são importantes, como o mundo deveria estar alegre por existirem, com seus dons e capacidades, com suas realizações. Seus pensamentos giram unicamente em torno de si, de sua grandeza, de sua capacidade sem paralelo. Exteriormente ficamos calados, mas interiormente falamos sem parar. Falam em nós os instintos reprimidos, as necessidades não satisfeitas, as emoções e estados de alma que não chegaram ao equilíbrio, e fala em nós a vaidade. O silêncio exterior ainda não diz coisa alguma sobre até onde nós aprendemos a guardar o silêncio interior.

Mas para os monges o que em última análise importa é este silêncio interior. E o silêncio interior, só o pode observar aquele que superou os oito vícios. Por isso faz parte da prática do silêncio a luta contra os vícios, a luta contra as atitudes falhas interiores, contra as necessidades e desejos exagerados, contra a confusão das emoções não dominadas e contra a mania de sempre se colocar no centro. O silêncio é um recurso na luta contra as atitudes falhas. Não é uma renúncia passiva às palavras, mas sim um ataque ativo contra emoções e agressões que sentimos em nós. Um dito dos padres nos mostra como pode ser superado o vício da cobiça:

> Dele (Agatão) e do Patriarca Amun se contava: Quando vendiam alguma mercadoria, diziam uma vez o preço e recebiam o que lhes davam, em silêncio e com calma. Igualmente, quando

> queriam comprar alguma coisa, davam em silêncio o que fora pedido e levavam a mercadoria, sem dizer uma palavra (Apo 98).

Não se diz aqui que os monges estavam livres do hábito, tão comum entre os orientais, de pechinchar e regatear. Mas exatamente por terem consciência de sua tendência interior, eles impõem um veto à sua língua. O silêncio não elimina a cobiça, mas a reprime, não permite que transpareça. Em silêncio os monges lutam com sua cobiça e a vencem.

Algo semelhante se dá com nossas emoções, que sempre de novo se manifestam dentro de nós, justamente quando os outros nos tratam injustamente. O silêncio ajuda a lidar com as emoções. Do Patriarca Moisés, um antigo ladrão, que muitas vezes era injuriado por causa de sua cor negra, conta-se:

> Outra vez houve mais uma reunião na Sketis e os padres, querendo pô-lo à prova, trataram-no como um joão-ninguém e disseram: "Para que este etíope em nosso meio?" Ele ouviu isto em silêncio. Após a reunião, disseram-lhe: "Abade, não ficaste irritado?" Ele respondeu: "Sim, fiquei, mas não soube o que dizer" (Sl 77,5) (Apo 497).

Ele, portanto, não chegou ainda ao ponto de não se irritar, mas permanecendo em silêncio ele combate sua irritação. Escapa ao perigo de criar uma grave confusão por não controlar suas palavras. Este silêncio não é um deixar-se-roer-por-dentro, que mais tarde pode levar a perigosas explosões das agressões represadas, mas é um meio de enfrentar a excitação interior e de curá-la. Só quando o silêncio leva também a um silêncio interior é que ele é proveitoso. Do contrário, pode facilmente resumir-se a uma fachada externa, ao silêncio do orgulhoso que se acha melhor do que os outros, ou ao silêncio do ofendido que remói calado a ofensa que sofreu. No silêncio, tal como os monges o entendem, trata-se sempre de uma luta interior, de um ocupar-se honestamente com suas próprias falhas.

O silêncio é uma luta contra os vícios, mas é também um sinal de vitória sobre eles. Só aquele que houver superado suas atitudes falhas interiores, só o que consegue lidar com suas emoções e agressões, é que é capaz de praticar o silêncio interior. Então nós nos libertamos de todos os pensamentos que nos passam pela cabeça quando estamos desocupados: dos problemas não resolvidos, das necessidades não satisfeitas, das experiências não superadas, dos desejos desmedidos e das emoções descontroladas. É este silêncio interior que importa aos monges. Mas para chegarmos a ele há um longo caminho, e dificilmente haverá quem atinja a meta nesta vida. Mas em certa medida é possível se experimentar este silêncio. Quando por bastante tempo tivermos lutado contra a mania de vivermos pensando no dinheiro e em como ganhar dinheiro, de repente descobriremos que ficamos livres destes pensamentos na oração. Que podemos orar desimpedidamente, que podemos realmente calar-nos, porque o vício da cobiça foi superado. Mas enquanto não soubermos lidar com nossa cobiça, mesmo o método mais perfeito não servirá de nada. Sempre de novo o pensamento do dinheiro haverá de manifestar-se. Para os monges o silêncio é, pois, um problema moral, que só pode ser alcançado pela vitória sobre as falhas, e não por técnicas de meditação ou exercícios de descontração.

Para Cassiano, esta condição do silêncio puro identifica-se com a pureza do coração. O pressuposto para isto é a humildade, em que não queremos alcançar coisa alguma, nem estados de recolhimento nem a calma absoluta, mas em que nos abandonamos inteiramente a Deus. A humildade é uma reação à experiência de Deus e da própria fraqueza e impotência perante Deus. Em última análise é um presente, que o homem não é capaz de conseguir com suas próprias forças. E assim também a calma e tranquilidade, quando se calam todas as minhas falhas interiores e desejos desmedidos, todas as minhas emoções e agressões e onde eu mesmo fico mudo, só podem ser dadas por Deus. Posso exercitar-me nelas, lutando e combatendo em silêncio contra os meus vícios. Mas elas são sempre apenas uma meta, que nós procuramos alcançar mas que só vez por outra podemos experimentar como um presente de Deus.

4. O reto falar

São Bento não considera o silêncio separadamente do falar. O capítulo sobre o silêncio poderia perfeitamente chamar-se: "Do reto falar". E no 7º capítulo ele fala não apenas do silêncio como sinal de humildade (9º e 10º degraus), mas também de como deve ser o falar que nasce da humildade (11º degrau):

> O nono degrau da humildade é este: quando ao falar o monge domina a língua e preserva o silêncio, e não fala enquanto não for interrogado, porque a Escritura mostra que "no muito falar não faltará o pecado" (Pr 10,19), e que "o homem falador não tem rumo na terra" (Sl 140,12).
>
> O décimo degrau da humildade é este: quando não se está facilmente disposto a rir, porque está escrito: "Ao rir, o tolo faz grande ruído" (Eclo 21,20).

> O undécimo degrau da humildade é este: quando no falar o monge é manso e sem riso, humilde e sério, e só fala poucas e razoáveis palavras e não faz barulho com a voz, como está escrito: "O sábio se conhece pelas poucas palavras".

O silêncio e a fala não são dois polos opostos, mas eles se completam mutuamente. O que importa é falar de modo a não destruir a atitude do silêncio. Nosso falar é um teste que revela até que ponto nosso silêncio é autêntico. Quando tivermos aprendido o silêncio interior, então mesmo ao falar não haveremos de deixar o silêncio. Quando eu me retraio ao silêncio para fugir de toda discussão, quando no silêncio eu me degusto a mim mesmo, quando giro em torno de mim mesmo, então eu me sinto perturbado quando tenho que falar, e a resposta sai como um resmungo. Quando em silêncio eu conversei comigo mesmo e ensaiei meu papel, então ao falar ele jorra de mim sem qualquer barreira. Parece que muitas pessoas contemplativas sentem necessidade de tirar o atraso no falar, sinal de que seu silêncio não chegou ainda ao ponto de ser um silêncio interior. Muitas vezes estas pessoas falam com menos controle do que alguém que por profissão tem que falar e que acostumou-se a uma certa disciplina. Quando falamos, aquilo que cresceu no silêncio não deve ser arrancado novamente, mas ao falar deve ser mantido o silêncio interior. É isto o que importa a São Bento: em vez de falar silenciando, devemos silenciar falando.

São Bento nos dá orientações concretas de como deve ser o falar que nasce do silêncio. O monge deve falar com toda humildade (*cum humilitate* RB 6, 19; 61,9; 65,32), com seriedade e dignidade (*cum gravitate* RB 7,161; 42,26), com respeito (*cum reverentia*), com coerência (*rationabiliter* RB 31,12; 61,9; 65,32), com amor (*cum caritate* RB 61,10), submetendo-se (*cum subjectione* RB 3,10; 6,19), com mansidão (*cum mansuetudine* RB 66,11), com modéstia (*cum modestia* RB 22,18) e com temor de Deus (*cum timore Dei* RB 66,11)[8]. Quando consideramos algumas passagens em que Bento fala da humildade no falar, torna-se claro o que ele deseja dizer com isto. No 3º capítulo diz-se dos irmãos que no conselho comum fazem uma proposta:

> Mas os irmãos devem dar o conselho com toda humildade e submissão e não se deixarem levar a defender acirradamente sua maneira de ver (RB 3).

---

8. Cf. WATHEN, A.G. *Silence* – The Meaning of Silence in the Rule of St. Benedict. Washington: [s.e.], 1973, 202ss.

Na frase que antecede, São Bento diz que o abade deve reunir todos para o conselho, "porque muitas vezes o Senhor revela o que é melhor a alguém mais jovem". Trata-se, portanto, de um falar de alguém que escutou o Espírito. Não devemos querer impor nossa opinião, nem querer desabafar ou nos colocar no centro, mas devemos dizer o que nos inspira o Espírito. Se o nosso falar proviesse da escuta do Espírito, ele não se apresentaria com tanta convicção e teimosia. Não haveríamos de querer chamar a atenção, falaríamos apenas quando pelo Espírito fôssemos impelidos a falar.

O monge também deve falar com humildade quando manifesta um desejo ou quando pede alguma coisa ao superior (RB 6,19; 65,31). Não é preciso reprimir os desejos, eles devem ser manifestados com tranquilidade, mas sempre desapegadamente. Eu posso pedir e desejar alguma coisa, mas também não posso insistir, e sim estar pronto a desapegar-me também do desejo. Do celerário São Bento diz que ele não deve rejeitar um irmão que faz exigências sem fundamento, e desta maneira ofendê-lo, "mas que lhe negue com humildade e com razões o pedido feito sem razão" (RB 31,11s). Falar com humildade significa aqui que eu aceito o outro, que ao rejeitar o pedido eu não estou rejeitando a pessoa, mas que tenho respeito para com o outro. Em São Bento, humildade e respeito estão intimamente relacionados, e quase sempre ele menciona estes dois conceitos quando se ocupa com a maneira de falar a uma pessoa. No respeito eu deixo o outro ser como ele é. Não pretendo modificá-lo com minhas palavras, não desejo convencê-lo com violência nem vencê-lo com meus argumentos, mas aceito-o, respeito-o e preservo o sentido para o seu mistério. Isto vale também para a crítica que eu deva fazer. Também ela deve ser apresentada com humildade. Assim São Bento diz a respeito do hóspede, que se tiver algum reparo a fazer sobre a vida da comunidade ele o deve fazer com toda humildade (RB 61,9). Ele não julga, mas aponta os erros. A humildade significa uma liberdade interior, eu tomo a liberdade de chamar a atenção para erros sem pretender bancar o juiz, sem obrigar os outros a mudarem. Deixo aos outros a liberdade de fazerem de minhas observações o que bem entenderem.

Algumas vezes lemos na Regra que o monge deve falar de uma maneira razoável. Tanto uma censura (61,19) quanto uma exigência (65,32) ou uma recusa (31,12), ele as deve apresentar de maneira razoável, isto é, sem se deixar levar pela emoção. É uma maneira de falar que não se deixa contaminar pelas projeções mas que vem de uma clara visão das coisas, uma visão que não é perturbada pelo interesse próprio ou pelo estado de ânimo, mas que vê as coisas assim como elas são. Esta maneira de falar é alcançada através do silêncio, onde muita coisa pode se tornar clara em nós.

Do porteiro do convento se diz:

> Logo que alguém toque a sineta ou que um pobre tenha chamado, ele responda: "Graças a Deus", ou "Deus te abençoe", e com toda amabilidade (bondade) do temor de Deus logo demonstre o zelo da caridade (RB 66,8ss).

O silêncio significaria aqui uma rejeição do hóspede. A amabilidade do porteiro é um serviço de amor ao estranho, é uma boa dádiva. O falar deve ser expressão de nosso amor e bondade para com os homens. Mas isto ele só poderá ser quando ao falar nós não nos colocamos no centro, quando no falar não queremos não ter nada a ver com o outro, e sim quando nos libertamos de todo egoísmo e nos abrimos para o outro e para suas necessidades. Então nossa palavra passa a ser um serviço de amor àquele que espera ser erguido ou alegrar-se por uma palavra. Pode provocar-nos admiração que neste contexto São Bento não apenas fale de amabilidade mas também de temor de Deus. Falar no temor de Deus significa ter um sentido para a presença de Deus no outro. Para ele, nosso convívio com o outro não é uma questão entre duas pessoas humanas. No outro, Cristo nos vem ao encontro. E deste modo só no temor de Deus nós podemos reconhecer o outro como aquele que ele é. Por isso o porteiro deve agradecer a Deus quando chega um pobre ou um hóspede. "Graças a Deus", "Louvado seja o Senhor", para São Bento estas não são meras fórmulas vazias, mas sim a expressão de que Deus me envia o outro e de que Cristo me vem ao encontro nele.

As orientações de São Bento para o reto falar mostram que o calar-se e o falar constituem uma só coisa. Quem aprendeu o reto silêncio também consegue falar retamente. Ao falar ele não perde o recolhimento nem a abertura para a presença de Deus, em que deve exercitar-se pelo silêncio. Ao falar ele mantém esta abertura e dá-lhe expressão, para que também os outros possam ter parte nela. O que importa a São Bento não é o silêncio exterior, mas sim a atitude interior do silêncio, o silêncio como sentido para a presença de Deus e como repouso e recolhimento em Deus. Quando alguém fala com fé na presença de Deus, então o falar não interrompe o silêncio mas antes brota dele, não destrói o silêncio mas o divide com o outro.

II
O silêncio como desapego

Pode-se considerar o silêncio a partir de diferentes pontos de vista, como um deixar-de-falar passivo, como uma atitude interior de recolhimento, como uma luta contra as atitudes errôneas, ou como um agir positivo, como ato de desapego, de deixar passar. O silêncio como agir ativo não consiste em que deixemos de falar e de pensar, mas sim em que sempre de novo nos desapeguemos dos nossos pensamentos e do nosso falar. Se alguém é capaz de observar o silêncio, isto não se mostra pela quantidade de suas palavras, mas sim por sua capacidade de desapegar-se. Às vezes, mesmo alguém que exteriormente mantém o silêncio recusa este desapegar-se, que é o que realmente importa no silêncio. Ele se retrai ao seu silêncio para se tornar inexpugnável, ou para evitar a luta da vida, para poder apegar-se a si e à imagem ideal que ele faz de si próprio. Para muitos o silêncio é uma regressão, um regredir à irresponsabilidade do útero materno. Este perigo existe sobretudo para os jovens que cedo demais querem adotar o silêncio como seu caminho único. Estes desejariam continuar sentindo-se seguros no silêncio, recusam-se a deixar que as imagens de seus sonhos sejam destruídas na luta pela vida. Assim o silêncio passa a ser um obstinado apegar-se a si próprio. Quem fala, sempre se expõe aos outros, oferece um flanco de ataque, suas palavras podem ser criticadas, ridicularizadas. Ele pode cometer uma gafe com suas palavras. Quando percebo que o que eu falei não tem sentido, e quando agradeço a Deus por ter cometido uma gafe em meus discursos, então na verdade eu me desapego de mim. Então eu não fico preso à edificante imagem que os outros deveriam fazer de mim, mas agradeço a Deus com as palavras do salmo: "Foi bom para mim ser humilhado, para aprender tuas prescrições" (Sl 119,71). Nesse caso eu não fico a imaginar como poderia ter falado melhor e causar uma impressão mais favorável, mas desapego-me de mim e de minhas imagens ideais para entregar-me inteiramente a Deus. No silêncio, é deste desapego que se trata em última análise.

1. O método do desapego

Quando no silêncio surgem dentro de mim ideias e sentimentos de toda espécie, eu posso ocupar-me com elas, lutar contra elas por tanto tempo até que cheguem ao repouso. Este é um método. O outro consiste em não considerar as ideias e sentimentos como sendo tão importantes, e simplesmente deixá-las passar. Deixar passar não significa reprimi-las, ou seja, esforçar-se para expulsá-las até se ficar livre delas. Pelo contrário, eu olho de frente a ideia ou o sentimento, e a deixo ir, não lhe dou muita importância. A ideia está aí, mas eu não irei ocupar-me com ela. Se ela voltar no momento seguinte, eu não fico zangado por meu deixar-passar não haver obtido êxito, mas deixo-a passar novamente. As ideias vão e vêm, elas não tomam posse de mim. Não tenho medo delas, não me considero pressionado a livrar-me delas, mas convivo com elas tranquilamente, deixo-as ir e vir, até que venham cada vez menos, até que aos poucos eu fique livre delas. Mesmo quando sinto que as ideias sempre de novo retornam e mantêm-me ocupado, eu não tenho necessidade de resignar-me. Preciso primeiro aceitá-las: este é um problema meu, estas ideias são uma parte de mim, elas mostram quem eu sou. E posso viver com elas, mesmo tendo que arrastá-las por toda a vida. Não preciso mostrar a Deus que consegui derrotá-las ou que me libertei delas. Se eu aceitá-las assim, então também posso deixar que vão embora. Então eu não me deixo dominar por elas nem preciso sentir-me pressionado a finalmente libertar-me delas. Esta pressão é apenas uma outra maneira de ser dominado pelas ideias. Quando eu tenho confiança de que Deus me aceita com todos os pensamentos que me torturam e me oprimem, eu fico livre desta pressão, e então em última análise estou deixando passar estes pensamentos. Mesmo que voltem, eles não me angustiam mais, não me dominam mais. Vão e vêm, mas eu fico interiormente livre, interiormente calmo.

Este é o método. Mas o que é que eu devo deixar passar? Antes de tudo trata-se de deixar passar as tensões interiores. Pois ideias e emoções não são más, e não há nenhuma razão para sempre deixá-las passar. Mas ideias e emoções podem provocar tensões dentro de nós. Elas nos mantêm ocupados. Ficamos fixados, dominados sempre pelas mesmas ideias e sentimentos. Enquanto as ideias nos mantêm presos nesta tensão, nós somos incapazes de conviver produtivamente com elas. E assim temos que tentar primeiramente deixar passar a tensão que está dentro de nós. As tensões em nosso íntimo sempre se manifestam também corporalmente. Basta que observemos alguma vez como andamos ou como ficamos parados, como trabalhamos, para descobrirmos com quanta frequência nós nos encontramos em estado de tensão interior. Nossos ombros ficam tensos, nossa face, nossas mãos, nossa respiração anda aos sobressaltos. Existem vários métodos para tentar libertar-nos desta tensão. O primeiro método começa com o corpo. A gente tenta libertar-se no corpo, nos músculos, sobretudo nos músculos do ombro, das costas, mas também da face e do pescoço. É nestes lugares que nossas tensões interiores gostam de fixar-se. Podemos tentar conscientizar-nos destas tensões e dirigir a expiração para ali, de modo a com o ar expirado liberar as tensões. Expirando deixamos passar a contração dos ombros ou das costas. Mas este deixar-passar só tem sentido quando com a tensão corporal deixamos passar também a tensão interior, mesmo que não tenhamos nenhum nome para ela. Logo que nos libertamos corporalmente, nós podemos sentir como também interiormente ficamos mais livres. Juntamente com o corpo, nós mesmos nos libertamos de nossas tensões. Portanto é indispensável uma atitude interior de deixar-passar. Aquele que deseja empregar a distensão corporal como técnica para enfim deixar passar as tensões desagradáveis, mas que não quer modificar sua atitude interior, este nada há de conseguir. Seria um mero tratamento de sintomas.

O segundo método começa com as causas das tensões. Ele pergunta onde se encontram os meus desejos e exigências exageradas, onde é que minhas necessidades insatisfeitas deixam-me em estado de tensão, onde pelas preocupações estou me deixando levar a uma tensão desagradável. Eu ataco, portanto, o problema espiritual que provoca a tensão, e depois tento deixar passarem as exigências excessivas, as preocupações angustiantes. Mas isto não se consegue por um simples ato de vontade. Eu não posso desapegar-me com os dentes cerrados, mas somente quando largo alguma coisa. Não posso cerrar os dentes, antes tenho que abrir as mãos. Não posso não querer resolver o problema, não querer arrancar um pedaço de mim, mas tenho que desfazer-me das preocupações e exigências excessivas, deixar que me sejam tiradas. Eu me torno mais pobre quando me desapego. Tenho que desapegar-me, que entregar um pedaço de mim mesmo.

Frequentemente nossas tensões são causadas por alguma espécie de angústia ou de medo. Temos medo de nossas fraquezas e procuramos garantir-nos contra elas por um sistema de prescrições, que observamos à risca. Ou construímos um edifício de elevados ideais, por meio do qual pretendemos disfarçar a visão de nossos próprios abismos. Nesse caso nós vivemos constantemente sob a tensão de repentinamente nos defrontarmos com nossas fraquezas. Muitas vezes nós escondemos estas tentativas de garantir-nos por trás de ideias piedosas e edificantes. Mas quando percebemos que protegemos nossos ideais com uma certa ansiedade, e que angustiadamente nos apegamos a determinadas formas exteriores, isto sempre é um sinal de que nos encontramos sob uma tensão de que precisamos libertar-nos. Uma ajuda para nos libertarmos destas tensões é a confiança de que estou protegido em Deus, de que posso me deixar cair em seus braços, porque os braços que esperam por mim não são braços que castigam mas braços que amam. Deixar-se cair nos braços de Deus tem algo a ver com o amor. Eu aceito que Deus me ama, e confio-me ao seu amor. Deixo irem embora as seguranças com que pretendia garantir-me até mesmo contra Deus, e deixo que Deus se aproxime de mim. Não se trata de uma realização ascética que eu pudesse apresentar a Deus. Eu renuncio a todas as conquistas espirituais, e abandono-me a Deus assim como eu sou, com todos os pensamentos que me angustiam. Agora Ele pode assumir a direção da minha vida, pode agir para o meu bem, e também pode mostrar-me o seu amor por mim.

No silêncio, trata-se em última análise de uma sucessão de trono. Não sou eu quem deve estar sentado no trono, não sou eu que devo planejar como minhas ações piedosas e meus ideais religiosos poderão trazer-me um aumento de riqueza espiritual, mas é Cristo que deve reinar em mim. Não sou eu nem são minhas necessidades espirituais que devem ocupar o centro, mas sim Cristo, a quem eu me abandono quando me desapego de mim mesmo no silêncio, quando lhe entrego o roteiro de minha vida e quando deixo que Ele atue em mim. Deixo de atribuir a mim mesmo tanta importância, desisto de agarrar-me a mim mesmo e de construir meu próprio monumento, ou de pintar o meu retrato ideal. Meu ideal já não é tão importante para mim. A única coisa que importa é que em mim possa agir o espírito de Deus.

Como se manifesta concretamente o desapegar-se de si? Isto foi descrito com muito acerto pelos irmãos de Taizé em sua introdução ao Retiro. Aí eles estabelecem regras para o silêncio. Eu me desapego de mim mesmo, primeiramente, quando deixo passar minha curiosidade, quando não acho que em tudo tenha que dizer alguma coisa, que tudo eu tenha que saber. Em seguida os irmãos mencionam diversas áreas em mim que precisam chegar ao silêncio:

> • *Silêncio da fantasia* – Silenciam as emoções, silenciam as tristezas; as vãs ocupações dos pensamentos silenciam.
>
> • *Silêncio da memória* – O passado, as queixas vãs, os azedumes silenciam. Lembrar apenas as provas da misericórdia de Deus.
>
> • *Silêncio do coração* – Silenciam os desejos, as antipatias silenciam, o amor silencia em tudo quanto ele tem de exagerado.
>
> • *Silêncio do amor-próprio* – Silencia o olhar para o próprio pecado, para a própria incapacidade. Silencia o autolouvor. Todo o Eu humano silencia.
>
> • *Silêncio do espírito* – Fazer silenciarem os vãos pensamentos. Fazer silenciarem as considerações sutis que enfraquecem a vontade e que levam ao estiolamento do amor. Fazer silenciarem todas as buscas e anseios próprios.
>
> • *Silêncio do julgamento* – Silêncio no tocante às outras pessoas: não julgar.
>
> • *Silêncio da vontade* – Fazer silenciar as angústias do coração, as dores da alma. Fazer silenciarem os sentimentos de abandono.

• *Silêncio consigo mesmo* – Não escutar a si mesmo, não se queixar nem se consolar a si mesmo, silenciar consigo mesmo, esquecer-se, libertar-se de si mesmo[9].

Aquele que tenta pôr em prática estas regras sobre o silêncio há de perceber como são fortes as exigências que elas acarretam. Aquele que quiser silenciar assim terá que desapegar-se de si mesmo. E há de experimentar que muita coisa em nós se rebela contra isto, porque por natureza nós queremos fixar-nos em nós, e preferimos usar Deus como instrumento de nossa perfeição em lugar de entregar-nos a Ele com nossas imperfeições. Nós atribuímos demasiada importância a nós mesmos, a nossas ideias e sentimentos, a nossas preocupações e problemas, e custa-nos deixar que Deus entre em contacto íntimo conosco, que só Ele passe a ter importância.

O que os irmãos de Taizé descrevem aqui a partir da vida religiosa é para a psicologia uma lei do crescimento e do amadurecimento humano. Nós precisamos constantemente deixar para trás o nosso passado a fim de estarmos abertos para o futuro. Aquele que fica eternamente apegado à infância, jamais se tornará adulto. Não larga a barra da saia da mãe, como diz a boca do povo. Desapegar-se do

---

9. COMMUNAUTÉ DE TAIZÉ. Einführung in die Retraite. In: BOCHINGER, K. *Die Gnade des Gebets*. Gütersloh: [s.e.], 1964, 22s.

passado significa desapegar-se de atitudes interiores. Eu não posso ficar eternamente agarrado a pessoas, nem aos pais nem aos colegas de escola ou aos amigos. Não posso prender-me a lugares, à pátria, aos lugares que se tornaram familiares para mim. Sempre de novo tenho que desapegar-me de práticas e costumes, para poder existir no presente, para que possa permanecer aberto às coisas novas.

Um aspecto importante do desapego do passado consiste em desapegar-me dos meus amargores. Existem pessoas que constantemente carregam consigo os ferimentos do passado e não os deixam sarar, que se sentem ofendidas por não terem recebido em sua educação o amor e carinho que desejariam haver recebido, ou por se haverem decepcionado com os homens. Estas pessoas sentem necessidade de recordar suas feridas, para poderem conservar seus amargores. São incapazes de perdoar as pessoas que lhes provocaram ferimentos, de perdoar a Deus lhes haver confiado este passado. É justamente aqui que importa desapegar-se dos próprios amargores. Pois eles fecham nosso acesso a Deus. No desapego trata-se de abrir-nos para Deus. Tenho que desapegar-me, para que Deus possa fazer alguma coisa comigo. Tenho que deixar de agarrar-me a mim mesmo, tenho que abrir as minhas mãos, que desistir de me autoafirmar, tenho que entregar-me para que Deus tenha acesso a mim e que desta maneira Ele possa atuar sobre mim.

2. O silêncio como morte

A tradição monástica não conhece o conceito do deixar-passar. O que hoje nós queremos dizer com este conceito moderno, ela o descreve com duas outras imagens, a imagem da morte e a imagem da peregrinação. No silêncio o monge exercita-se no morrer o homem velho. Ele torna-se morto para o mundo a fim de viver para Deus.

> Um irmão aproximou-se do Patriarca Macário o Egípcio e disse-lhe: "Pai, dize-me uma palavra! Como posso alcançar a salvação?" O ancião deu-lhe esta instrução: "Vai ao túmulo e insulta os mortos". O irmão foi, pois, insultou-os e jogou-lhes pedras. Então voltou e o contou ao ancião o que havia feito. Este perguntou: "Eles não te disseram nada?" Ele respondeu: "Não". Então o ancião lhe disse: "Vai lá mais uma vez amanhã e os elogia!" O irmão foi e os elogiou, dizendo: "Apóstolos, santos, justos!" E veio até o ancião e lhe contou: "Eu os elogiei!" E ele perguntou: "Eles não responderam nada?" O irmão respondeu: "Não!" Então o ancião o instruiu: "Tu sabes quanto os insultaste e eles não te responderam – e quanto os elogiaste

> e eles nada disseram. Assim deves ser tu também, se quiseres alcançar a salvação. Torna-te um cadáver, despreza tanto a injustiça como o louvor dos homens, da mesma maneira como os mortos, e hás de ser salvo!" (Apo 476).

O monge deve tornar-se independente do reconhecimento dos homens. Nem louvor nem injúria devem significar coisa alguma para ele, mas unicamente Deus. Mas como em cada pessoa existe o instinto de buscar o reconhecimento dos homens, a liberdade dos elogios e das injúrias é descrita aqui com a imagem da morte.

> Uma vez vieram alguns sacerdotes ao mosteiro onde estava o Abade Poimen, e o Abade Anub entrou e lhe disse: "Vamos convocar hoje os sacerdotes daqui". Poimen ficou parado muito tempo sem dar resposta; e foi embora com ar triste. Os que estavam sentados perto dele disseram-lhe: "Abade, por que não respondeste?" O Abade Poimen respondeu: "Não vi por quê; pois estou morto, e um morto não fala!" (Apo 577).

No silêncio o monge torna-se morto para o mundo. O mundo deixa de ser importante para ele. Ele não deixa de ter sentimentos, como um morto, mas deixa o mundo de uma maneira tão radical que torna-se morto para ele a fim de viver unicamente a partir de Deus. Quando consegue chegar a esta morte interior, ele consegue viver no mundo sem ser dominado por ele. Vive no mundo, mas não do mundo. Sua razão de viver é Deus.

Em outro dito dos padres se diz:

> Um irmão perguntou ao Patriarca Moisés: "Tenho uma tarefa a cumprir e não consigo realizá-la". Então o ancião lhe disse: "Se não te tornares um cadáver como aqueles que estão enterrados, não conseguirás realizá-la" (Apo 505).

Em todas as religiões existe o exercício de meditar na própria morte. São Bento exige em sua Regra que todos os dias nós devemos pensar na morte (RB 4,55). Devemos morrer interiormente a fim de deixarmos espaço em nós para a verdadeira vida. Se imaginarmos que dentro de três dias estaremos enterrados, que haveríamos de deixar para trás? Tudo quanto em nós é morto, todo peso que não tem sentido, todas as posses que carregamos conosco, as opiniões a que nos apegamos, os papéis que desempenhamos, as máscaras que usamos, tudo isto nos seria tirado. E poderíamos levantar-nos do túmulo como homens novos. As normas para uma vida autêntica haveriam de se nos manifestar no túmulo. Não se trata de fugir à luta que a vida exige de nós, mas sim de uma ajuda para alcançarmos a verdadeira vida, para experimentarmos a ressurreição de Cristo em meio às tarefas do dia a dia.

3. O silêncio como peregrinação

Outra imagem que goza da predileção dos monges para descrever a essência do silêncio é a da *peregrinatio*, da peregrinação. Uma máxima identifica a peregrinação com o silêncio: *peregrinatio est tacere*. E em outra se diz:

> Se não fores senhor de tua própria língua, não serás um estrangeiro onde quer que estejas. Domina, pois, a tua língua, e hás de ser um estrangeiro (Apo 449).

E em outra máxima se responde à pergunta sobre o que é ser estrangeiro:

> Cala-te, e em todo lugar aonde fores dize-te: isto não é da minha conta; é isto que é viver em país estranho (Apo 776).

E o Abade Tithoe diz:

> Ser peregrino significa que o monge possui poder sobre sua boca (Apo 911).

No silêncio o monge peregrina deste mundo. Ele renuncia a fazer seus comentários onde quer que se encontre. Falando eu interfiro no acontecer do mundo, torno-me ativo, comento, critico, ou encaminho o mundo em determinada direção através do que ordeno e do que mando. No silêncio o monge deixa o mundo passar. Renuncia a mudá-lo, a corrigi-lo. Pois a figura deste mundo passa. Ele não se arroga o direito de julgar o mundo, porque sabe que o mundo é dirigido por Deus. Assim deixa que o mundo seja mundo e percorre seu caminho pelo mundo como por um país estranho, onde não lhe é permitido fixar-se. O peregrino não pode considerar-se de casa. Ele tem que continuar peregrinando. Assim também o silêncio é renunciar à casa como lugar de repouso, renunciar à segurança da palavra. No silêncio a gente peregrina de onde mora a palavra. Santo Ambrósio diz a respeito da palavra humana que ela significa moradia, casa, segurança.

> *Domus mentis prolativum verbum est. Mens in sermonibus habitat*[10] (A casa do espírito é a palavra falada. O espírito habita no falar).

Na palavra o homem se estabelece neste mundo. A palavra mostra que o homem faz parte do mundo. Cria comunicação com o mundo. Basta pensarmos na importância do rádio para as pessoas idosas e solitárias. Quando ouve a palavra proveniente do rádio, o homem solitário sente-se ligado ao mun-

---
10. S. AMBRÓSIO. *De Abraham* CSEL XXXII 1, 565[18].

do. A palavra é sua forma de comunicação com o mundo. O monge renuncia à palavra, renuncia a encontrar segurança no mundo. Ele percorre uma estrada interior. Torna-se um estranho no mundo a fim de peregrinar em direção a Deus. Isto exige dele que constantemente deixe passar todos os elos com que o mundo busca prendê-lo.

Cassiano, o primeiro escritor monástico de importância no Ocidente, explica a essência da peregrinação quando interpreta a passagem de Gn 12,1. Fala-se aí de uma tríplice saída: sair da pátria, sair da parentela, sair da casa paterna[11]. Sair da pátria significa para Cassiano renunciar a todos os bens deste mundo, libertar-se de todas as ligações com o mundo. Quem deixa o mundo já não possui mais nada, torna-se pobre. No silêncio o homem deixa para trás a riqueza da palavra. Deixa de ter qualquer coisa com que possa brilhar, causar impressão. Não tem mais nada a apresentar, nem formulações competentes, nem pensamentos sábios. Torna-se interiormente pobre, pobre no espírito. Isto não se relaciona unicamente com o falar, mas também com os pensamentos. Silêncio não significa esbanjar-se nos páramos da fantasia, mas tornar-se pobre também em pensamentos, contentar-se com poucos pensamentos para le-

---

11. Cf. CASSIANUS, J. *Collationes* III, 6s.

var a pessoa ao recolhimento. Em muitos padres da Antiguidade a *ruminatio*, o ruminar as palavras da Escritura, limitava-se a um único versículo de salmo. E isto era entendido por eles como pobreza em espírito, viver de uma única palavra da Escritura e deixar-se fazer por ela interiormente simples.

Sair da parentela é para Cassiano sair da antiga forma de vida, dos nossos costumes e vícios a que nos apegamos desde que nascemos e que se fundiram interiormente em nós, de tal maneira que são como que os nossos parentes. Este sair inclui também, com a renúncia à vida passada, o renunciar aos sentimentos e aos afetos do passado. Devemos separar-nos daquilo que tomou posse de nosso coração. Com isto Cassiano recusa-nos a regressão, o retrair-nos aos estágios passados, o fugir da realidade presente para um passado mais bonito em que nos sentíamos mais protegidos, em que podíamos apresentar êxitos. O silêncio como o sair da parentela significa, portanto, deixar para trás as recordações. Não devemos atribuir tão grande importância a nós próprios nem ao nosso passado. Não devemos com a fantasia fugir da presença de Deus para o próprio passado, buscando aí sentir-nos bem. Existem pessoas que sempre de novo retornam ao seu passado, que tentam constantemente reviver mais uma vez suas belas experiências. Estas pessoas não conseguem desapegar-se, elas como que querem ter uma propriedade onde gostariam de repousar. O silêncio exige o desapegar-se do próprio passado e o envolver-se com a realidade do presente, em última análise com a presença de Deus, com quem não podemos encontrar-nos como o verdadeiro Deus quando enfeitamos as experiências passadas, mas apenas quando perseveramos no presente.

O sair da casa paterna é interpretado por Cassiano como esquecer todas as recordações deste mundo, como renunciar ao visível e passageiro e como o voltar-se para o invisível, o eterno e o futuro. Neste contexto Cassiano cita Fl 3,20: Nós somos cidadãos do céu. Devemos peregrinar pelo mundo sem nos fixarmos, porque temos a nossa pátria no céu, e por isso entendemos e queremos suportar nossa vida aqui como um viver longe da pátria. Deste modo o silêncio é o suportar o fato de sermos estrangeiros neste mundo. Aquele que silencia permanece um estranho. Ele não se familiariza com as pessoas que o envolvem, ou com o mundo. E desta maneira os monges entendem o silêncio exatamente como renúncia à intimidade. Uma máxima dos antigos padres diz o seguinte:

Eu desejo morar com os irmãos, dize-me como devo viver com eles. O Ancião explicou-lhe: "Assim como no primeiro dia em que chegaste a eles, assim conserva a atitude do estranho todos os dias de tua vida, para que não te tornes excessivamente íntimo com eles" (Apo 83).

Desta forma o silêncio é como não ter pátria, como buscar conscientemente a solidão. Os monges peregrinos conscientemente procuravam ficar incógnitos, permanecer desconhecidos. Frequentemente eles não são reconhecidos, vivem propositadamente fora de toda comunidade, e com isto também fora da proteção da lei. Desligaram-se de toda comunidade, de todas os vínculos com seu povo, de sua família, dos homens em geral, para romperem inteiramente com o mundo e viverem unicamente para Deus, *sibi solique Deo*.

Não podemos exigir demais das imagens. As imagens do morrer e do peregrinar expressam um aspecto essencial do silêncio. No silêncio o homem se liberta deste mundo a fim de abrir-se para Deus. Mas logo que se exige demais da imagem aparece a negação radical do mundo e a fuga do mundo, que são coisas mais do neoplatonismo do que das origens cristãs. Mas as imagens do morrer e do peregrinar não valem só para os ascetas do deserto, elas valem também para nós. De alguma maneira nós temos que superar o mundo, transcendê-lo, emigrar dele e caminhando deixar-nos dirigir e chamar por uma outra voz, temos que estar mortos para o mundo a fim de vivermos de Deus e para Deus. Esta atitude haveria de levar-nos à liberdade e à conformação interior, não a odiarmos ou desprezarmos o mundo, mas sim a um amor tranquilo para com todas as coisas, e a fixar-nos em Deus em meio a nossas tarefas no mundo.

4. O silêncio como liberdade e serenidade

O silêncio como o desapegar-se, como o morrer e emigrar deste mundo, torna-nos interiormente livres. Deixamos de estar presos às coisas e apegamo-nos exclusivamente a Deus. Isto é de grande importância, precisamente para o nosso trabalho quotidiano e para a nossa convivência com as pessoas. Se nos ocupássemos com elas e com as coisas a partir desta liberdade, nós não haveríamos de viver constantemente sob tensão. Poderíamos trabalhar com mais objetividade, porque não haveríamos constantemente de misturar nossas próprias necessidades e desejos com as coisas, e iríamos trabalhar mais, porque não haveríamos de investir uma energia desnecessária em coisas secundárias, como reconhecimento e louvor. Em sua permanência no convento trapista, H. Nouwen trabalhou com os monges nas diversas oficinas. Observou como o trabalho o deixava esgotado. Ficou preocupado com isto. Mas ao lançar isto em seu diário ele de repente descobriu a causa de seu esgotamento:

> Acho que, no fundo, meu esgotamento não é tanto consequência da espécie de trabalho que eu faço, mas antes das más tensões que eu associo ao trabalho. Eu deveria simplesmente viver o dia com serenidade e entregar-me naturalmente à ordem do dia e às pequenas tarefas que cada dia eu encontro afixadas à porta da estante[12].

Se pudesse libertar-se do desejo de fazer apenas trabalhos agradáveis, se simplesmente se entregasse ao trabalho, então ele não haveria de sentir-se sobrecarregado. Mas também nos trabalhos que lhe são agradáveis ele se sobrecarrega, porque está preocupado em realizá-los particularmente bem e ser reconhecido pelas pessoas. Quando conversou com João Eudes, o abade do convento, sobre o cansaço que sempre experimentava quando envolvia-se com os homens, por exemplo nos cursos e retiros, então ele próprio reconheceu:

---
12. NOUWEN, 33.

> Eu emprego energia demais em cada encontro, como se cada vez novamente tivesse de mostrar que sou digno de que o outro entre em contato comigo. "O senhor coloca em jogo toda a sua identidade, e cada vez parte novamente do zero", pensa João Eudes. "Aqui oração e meditação passam a ser muito importantes; pois nelas o senhor encontra sua identidade mais profunda, e isto o preserva de pôr em risco toda sua identidade cada vez que trabalha com outras pessoas". Disse-me também que está provado que as pessoas que meditam regularmente necessitam de menos sono. Elas estão mais unidas consigo mesmas e não se utilizam dos outros na luta pela identidade[13].

Quem aprendeu a no seu agir desapegar-se de si mesmo e de suas exigências, este é capaz de fazer seu trabalho mais despreocupadamente, sem tensões interiores. Ele é um peregrino que deixou o mundo e está a serviço de Deus. Não realiza seu trabalho por causa de si mesmo, mas sim por causa da obra, por causa de Deus. Está livre para trabalhar adequada e objetivamente, sem que a todo momento tenha que colocar no trabalho as suas emoções. Quem no seu agir e falar se desapega de si mesmo, este experimenta dentro de si uma liberdade inte-

---

13. Ibid., 156s.

rior e consegue abrir-se para Deus e deixar-se levar para o serviço de Deus.

O silêncio como desapego, como morte e peregrinação, não está restrito unicamente ao falar, mas a todo o nosso agir. Ele marca toda a nossa vida, e é capaz de torná-la mais autêntica, mais livre e mais humana, porque tira-nos tudo quanto deforma nosso verdadeiro ser, tudo quanto ameaça sufocar nosso núcleo interior e impedir-nos de realizar a imagem que Deus colocou em nós. O objetivo do silêncio é tornar-nos mais abertos para Deus, de modo que Deus possa encher nossas realizações, nosso pensar e nosso agir. O silêncio deve tornar-nos transparentes para o espírito de Deus, de modo que Deus possa assumir a direção em nós. Não somos nós, com nossa estreiteza e nosso egoísmo, que determinamos a nossa vida, mas sim o próprio espírito de Deus, ao qual no silêncio nós nos entregamos e em quem depositamos nossa confiança.

III
O silêncio como abertura para Deus

1. O silêncio como escuta

São Bento, no 6º capítulo, não fala de *silentium*, que significa mais a prática do silêncio, e sim de *taciturnitas*, taciturnidade. Com isto ele quer, por um lado, referir-se à atitude do silêncio, e por outro a uma atitude de recolhimento, que deve dominar em seu convento. Este espaço de recolhimento é o lugar em que o monge está aberto para Deus, em que ele pode escutar a palavra de Deus na Escritura e na liturgia, e onde pode viver na presença de Deus. Aqui São Bento está descrevendo mais uma atmosfera do que uma técnica de silêncio. É uma atmosfera de abertura para o espírito de Deus. Ele coloca estas duas palavras uma ao lado da outra: "calar" e "ouvir". O silêncio serve ao ouvir, ao escutar a palavra de Deus. Ele aguça a percepção para a presença de Deus como espaço em que nos movimentamos, e para a palavra de Deus que nos aponta o caminho.

Para São Bento, silêncio, obediência e humildade andam juntos. A humildade é a atitude básica de onde nascem a obediência e o silêncio. Não é por acaso que ele coloca os capítulos sobre a obediência e o silêncio antes do capítulo que aborda a humildade. E dentro deste, os quatro primeiros degraus tratam da obediência, os últimos do silêncio. Na obediência eu escuto os mandamentos do Senhor e suas instruções, assim como chegam a mim nas ordens do abade. No silêncio eu escuto a doutrina do Senhor, que mostra-me o caminho para a vida. E este silêncio, assim como a obediência, não é puramente vertical, ele é também horizontal. Aquele que no silêncio está aberto para a palavra de Deus, este também escuta as palavras do abade e dos confrades, este também é capaz de ver no próximo a presença de Deus. O que importa a São Bento não é uma disciplina do silêncio, mas sim uma atitude de respeito, onde o monge esteja aberto para o mistério de Deus no silêncio, na palavra e nas pessoas.

São Bento fundamenta o silêncio, no 6º capítulo, com o valor do próprio silêncio.

> Portanto, por causa da seriedade do calar-se (*propter taciturnitatis gravitatem*), só raras vezes seja dada aos discípulos perfeitos a licença para falar, mesmo tratando-se de conversas boas e santas e edificantes (RB 6).

Wathen[14] observa que na expressão *propter taciturnitatis gravitatem* trata-se de um assim chamado genitivo de identidade: *taciturnitas* e *gravitas* significam a mesma coisa, e elas se interpretam reciprocamente. Mas *gravitas* significa em São Bento "o estar penetrado pela proximidade ou presença de Deus"[15]. No silêncio, portanto, trata-se de não desfazer o estar penetrado da presença de Deus. Nós devemos fazer silêncio a fim de mantermos a abertura para a presença de Deus. A taciturnidade é para São Bento uma atitude positiva: o monge deve abrir-se para a presença de Deus, deve viver o dia inteiro diante de Deus, com um sentido apurado para Sua presença. A presença de Deus é o espaço em que ele vive, em que sente-se em casa, sente-se protegido e aceito. A presença salvífica de Deus o envolve e procura atravessá-lo até mesmo corporal-

---

14. Cf. WATHEN, 29s.
15. STEIDLE, B. *Die Regel St. Benedikts*. Beuron: [s.e.], 1952, p. 241, nota 1.

mente. O silêncio é a atitude interior em que eu me abro para esta realidade do Deus que me envolve. Portanto ela é mais do que o não-falar. Não falar eu posso também com os dentes cerrados. O silêncio da noite, quando mais do que em outras ocasiões sentimo-nos envolvidos pela presença de Deus, não deve ser perturbado por um falar *"cum gravitate"* (RB 42,16), e aquele que no serviço divino precisa ler ou cantar, deve fazê-lo com este sentido para a proximidade divina, para que com isto os irmãos sejam edificados, para que com isto na palavra e no canto Deus mesmo se torne presente (RB 47,10).

O silêncio está a serviço do escutar a palavra de Deus e do orar. Isto é demonstrado por São Bento no 4º capítulo. Ali, logo após os instrumentos do silêncio, ele coloca a advertência: "Ouvir de boa vontade as sagradas leituras; dedicar-se com frequência à oração." E no capítulo 52 ele pede aos irmãos que saiam do recinto de oração no mais profundo silêncio e que preservem o respeito diante de Deus, para que aquele que desejar ainda orar sozinho não seja impedido de fazê-lo. O silêncio torna possível uma atmosfera em que seja possível rezar. E isto preserva aquilo que nasceu e cresceu durante a oração. Quando alguém volta a falar logo após a oração em comum, este não é capaz de preservar o fruto da oração. O recolhimento dissipa-se, o que se juntou no seu íntimo é derramado. Mas o silêncio faz com que a oração continue ressoando, que ela se consolide no coração.

Por um lado a atitude de recolhimento possibilita o escutar a Deus, e por outro ela é uma reação à experiência do escutar, pela qual já se passou. O monge reage às suas experiências de Deus afastando tudo quanto possa perturbá-lo no continuar ouvindo-o. É um silêncio de respeito, em que o monge se cala diante do mistério que lhe é revelado. Esta experiência passa logo que se começa a falar. Assim se diz em um dito dos padres:

> O mesmo (João) ardia em espírito. Um visitante elogiou seu trabalho. Ele estava exatamente trabalhando em uma corda. E ficou calado. Mais uma vez o outro tentou conseguir uma palavra dele, e mais uma vez ele ficou calado. Da terceira vez ele disse ao que o visitava: "Desde que chegaste aqui expulsaste Deus de minha presença" (Apo 347).

Os monges não se calam por causa de um princípio abstrato, nem para se colocarem artificialmente em um certo estado de ânimo, nem ainda para demonstrarem a si próprios uma realização ascética. Eles se calam porque experimentaram a Deus e não querem, falando, destruir esta experiência. Não querem ser arrancados da atitude em que estão abertos para Deus. Isto se manifesta sobretudo antes da morte. A morte é uma prova tão decisiva que só pode ser retamente enfrentada em estado de silêncio. Quando sempre de novo os irmãos fazem perguntas ao moribundo Agatão, este lhes diz:

Fazei-me um favor, não faleis mais comigo; pois estou ocupado (Apo 111).

Um episódio semelhante se conta a respeito do Patriarca Zacarias:

> O Patriarca Poimen contou que o Patriarca Moisés perguntou ao Patriarca Zacarias, que estava moribundo: "Que é que vês?" E este respondeu: "Não é melhor ficar calado, ó pai?" "Sim, filho, cala-te!" Na hora da morte o Patriarca Isidoro encontrava-se com ele. Olhou para o céu e disse: "Alegra-te, meu filho Zacarias: abriram-se para ti as portas do reino dos céus!" (Apo 147).

Ao morrer, o homem está ocupado com coisas tão importantes que o falar iria apenas perturbá-lo, fechar-lhe o caminho de uma profunda experiência. C.G. Jung fez esta mesma experiência na velhice. Ele escreve a alguém que gostaria de visitá-lo para falar com ele:

> Frequentemente o falar torna-se em mim um tormento, e muitas vezes eu preciso calar-me

vários dias a fim de me recuperar da futilidade das palavras. Eu estou de partida e só olho para trás quando não há outro jeito. Esta partida já é em si uma grande aventura, mas não algo sobre que se desejasse falar extensamente. O que o senhor imagina como alguns dias de intecâmbio espiritual eu não o conseguiria suportar com ninguém, nem mesmo com os mais íntimos. O resto é silêncio! A cada dia isto se torna mais claro, a necessidade de comunicação desaparece[16].

Destas palavras logo se esclarece a obrigação que está presente no silêncio. Não posso me dar ao luxo do silêncio quando nele quero desfrutar de mim mesmo, quando apenas desejo o meu descanso. Aos muitos que esperam por uma palavra, eu só posso negá-la quando realmente estou ocupado com o meu silêncio, quando o silêncio não é um passivo não-fazer-nada mas sim um ativo escutar, um dirigir-se ao deserto, ao espaço de Deus, quando procuro escutar o que Deus me quer dizer no silêncio, quando me envolvo na aventura que me aguarda num honesto silêncio diante de Deus.

---

16. JUNG, C.G. *Briefe III*. Olten: [s.e.], 1973, p. 95.

2. O silêncio como plenitude da oração

Um tema que sempre retorna constantemente na doutrina monástica da oração é a oração sem imagens ou pensamentos, o orar como puro estar em silêncio diante de Deus. De início o silêncio é uma ajuda para pelo menos se poder rezar, para voltar o espírito para Deus, para na leitura sagrada se ouvir com recolhimento a palavra de Deus. Mas depois de já ter progredido bastante na vida espiritual, o monge irá descobrir a oração sem palavras, ou mesmo a oração sem imagens. Mas esta espécie de oração é em última análise um dom gratuito da graça divina. Ela não pode ser aprendida por meio de técnicas. É uma meta que só pode ser alcançada depois de se haver percorrido os degraus anteriores: *lectio, oratio* e *meditatio*: leitura, oração e meditação.

A tradição monástica conhece quatro estágios da oração. O primeiro degrau é a leitura, onde o monge acolhe, lendo, a palavra de Deus, a faz valer contra si. O segundo degrau é a oração, onde ele responde ao que leu. Muitas vezes ele interrompe a leitura também corporalmente. Ajoelha-se, ou lança-se por terra, para responder à palavra de Deus que lhe atingiu o coração. Leitura e oração são os dois lados do diálogo entre Deus e o homem. Na leitura Deus fala, na oração fala o homem.

No degrau seguinte, a meditação, o monge simplesmente deixa que o que foi lido atue sobre ele. Não prossegue na leitura, mas deixa-se levar por uma palavra a um silêncio recolhido, onde a palavra, sem ser analisada, pode invadir e transformar o coração inteiro. Na meditação o homem não precisa mais de palavras, ele permanece em silêncio sob a impressão da palavra. O silêncio da meditação não é nenhum silêncio vazio, mas sim um silêncio cheio, um silêncio sob a palavra, provocado pela palavra de Deus, um silêncio na presença de Deus. É um silêncio muito humano, um silêncio com Cristo como um interlocutor que me olha, a quem eu não preciso dizer nenhuma palavra piedosa e em cuja presença eu posso simplesmente ficar, deixar-me devassar, deixar-me penetrar por sua palavra, por sua presença.

A presença de Cristo se concretiza através da palavra lida. As palavras que me ocorrem na leitura fazem surgir em mim uma imagem humana de Jesus, e também uma imagem humana de Deus, diante de quem eu permaneço em silêncio, porque o contemplar e o deixar-se contemplar já é perfeição suficiente. A palavra cria para si mesma um silêncio, leva-me a um silêncio vivo, a um diálogo silencioso com Deus, cuja imagem fala-me no silêncio.

O último degrau da oração é para os monges a *contemplatio*, a contemplação de Deus, o ser arrebatado em Deus. Aqui cessam todas as imagens, ideias e pensamentos. Aqui, Deus pode ser experimentado diretamente no puro silêncio. Mas a contemplação já não pode ser alcançada com as próprias forças. Ela é puro dom. Eu não posso, com meu fazer-me silencioso e vazio, forçar Deus a encher-me com as riquezas espirituais. Isto seria cobiça do espírito. O silêncio é entendido pelos monges não como uma técnica para provocar a experiência de Deus, mas quando a palavra de Deus toca a pessoa tão profundamente que suas próprias palavras e pensamentos emudecem, ele toma posse dela. Na contemplação o silêncio é reação ao agir de Deus, e não um método para se poder rezar melhor. Por isso devemos manter-nos nos três outros degraus, sem nos deixar ficar angustiados por chegar ao quarto degrau.

Que o silêncio é uma reação a uma profunda experiência de Deus, e não, ao invés, um meio para provocar a experiência de Deus, isto também se pode depreender da Sagrada Escritura. É verdade que o silêncio pode ser uma ajuda para que eu possa abrir-me para Deus, alcançar um sentido da sua presença. Mas o silêncio profundo sempre é uma reação provocada pela força da manifestação do próprio Deus. Assim se lê em Hab 2,20:

> O Senhor está no seu templo santo: silêncio em sua presença, terra inteira!
>
> Ou em Sofonias 1,7: Silêncio diante do Senhor Deus, pois o dia do Senhor está próximo.
>
> Ou Ap 8,1: Quando (o Cordeiro) abriu o sétimo selo, houve silêncio no céu por espaço de meia hora.

Em todos estes textos, o silêncio puro e profundo é provocado pelo próprio Deus. Nós não podemos fazer outra coisa a não ser criar um espaço de calma e recolhimento, mas em si o puro silêncio não pode ser aprendido através de nenhuma técnica, ele é uma reação, um tornar-se mudo diante da grandeza de Deus, diante de quem não só o falar mas também o pensar me é arrebatado. Por isso os monges não indicam nenhuma técnica, como o faz por exemplo a meditação zen, para nos exercitarmos no silêncio puro. Exercitar-nos, nós o podemos só na leitura, oração e meditação. Tudo o mais é obra de Deus.

O tema do silêncio como oração foi desenvolvido sobretudo por Evágrio Pôntico. Em seu *Tratado de oratione* ele escreve:

> Força-te, durante a oração, a deixares surdo e mudo o teu espírito. Então poderás orar.
>
> Quando orares, não imagines Deus presente em ti sob uma imagem visível. Também não deixes tua mente seguir os passos de nenhum pensamento, mas sê sem corpo diante daquele que é sem corpo, e haverás de reconhecê-lo.
>
> Quando o demônio, com seus ardis, tiver em vão tentado perturbar tua memória durante a oração, ele atacará tua disposição corporal para despertar em tua alma uma desconhecida imagem da fantasia e com isto transmitir um conteúdo de pensamento qualquer. Pois a razão está acostumada a demorar-se nos pensamentos, e com muita facilidade ela se expõe às impressões. Mas quando se deixa desviar de seu anseio pela visão corporal de Deus livre de qualquer imagem, então ela está indo atrás da fumaça, e não do fogo[17].

Estas ideias de Evágrio só poderão ser entendidas sobre o pano de fundo de sua doutrina ascética. Evágrio escreve primeiramente que a oração deve

---

17. PONTICUS, Evagrirus. *De oratione*, PG 79, 1170 e 1182.

ser livre dos pensamentos apaixonados. Nos pensamentos apaixonados manifestam-se os vícios que o monge precisa superar em sua caminhada para Deus, porque eles o separam de Deus. Trata-se, portanto, primeiramente de evitar na oração os pensamentos de ira e de tristeza. Sempre de novo nós percebemos que justamente quando queremos rezar nos surgem pensamentos sobre as pessoas que nos irritam, ou que talvez tenham praticado contra nós alguma injustiça.

Evágrio diz que por estes pensamentos o demônio da ira procura afastar-nos de Deus. Por isso precisamos primeiro libertar-nos destes pensamentos para que possamos rezar realmente.

Mas não apenas os pensamentos de ira, como também outros pensamentos, quaisquer que sejam, nos afastam de Deus. Nosso espírito ocupa-se com os pensamentos, em lugar de ocupar-se com Deus. Ele pensa nisto ou naquilo, só não em Deus. Mesmo quando dirigimos nossa fantasia para Deus e imaginamos imagens de Deus, isto pode afastar-nos dele. Pois às vezes nossas imagens de Deus são para nós mais importantes do que Deus mesmo. Apegamo-nos a nossas imagens ou a nossos sentimentos, que confundimos com a experiência de Deus. Evágrio pede que sejamos cuidadosos precisamente com as imagens que nos parecem representar Deus. Pois facilmente o demônio do orgulho se infiltra em nossa oração. Provoca em nós ideias e sentimentos de Deus, para que fiquemos parados nos sentimentos e com isto deixemos de ir ao encontro do Deus verdadeiro.

Quando o espírito reza com pureza, não com divagação mas sim com muita sinceridade, então os demônios deixam de atacar por um lado e passam a atacar do outro: levam a acreditar que a pessoa está vendo a glória de Deus e a figura de coisas que agradam à consciência, de modo que pensa já haver alcançado inteiramente a meta da oração. Mas isto, diz um venerável sábio, provém da paixão do orgulho e do demônio, que toca um lugar no cérebro e o confunde através de uma veia[18].

Justamente aquele que julga estar imune a todas as paixões inferiores corre perigo de considerar suas próprias imagens e ideias como sendo manifestações de Deus. Confunde-as com as experiências de Deus. Gostaria de fixá-las e falar delas e comunicá-las aos outros, sem perceber que está sendo ludibriado pelo demônio do orgulho[19].

---

18. Ibid. PG 79, 1182.
19. Cf. ibid, 1183.

O ceticismo de Evágrio em relação a todas as experiências de Deus que podem ser descritas deve alertar-nos a que não falemos da experiência de Deus sem muito cuidado. Nosso orar é em grande parte ausência de experiência, é suportar o próprio vazio, silenciar nossas ideias e sentimentos, um mero entrever da plenitude em meio ao nosso próprio vazio. A oração silenciosa, tal como a entende Evágrio, não é um presunçoso renunciar a todas as imagens e ideias por não se sentir mais necessidade delas, por já se estar em contato direto com Deus. O silêncio toma posse da pessoa, às vezes a consome, esvazia, provoca dor, e às vezes é um silêncio denso que o próprio Deus provoca, um silêncio perpassado da presença de Deus. Mas então já não é fácil falarmos a respeito disto, não se pode tagarelar à toa diante dos homens sobre sua experiência de Deus, mas carrega-se consigo a antevisão deste silêncio pleno como se fosse uma flor delicada, que não pode ser exposta aos rigores do vento. O fato de São Bento nem sequer mencionar a oração silenciosa demonstra que para os monges ela era uma exceção. Aquele que dia por dia se empenha pela honesta oração coral, por uma boa meditação, leitura e oração pessoal, este de tempos em tempos, como um presente de Deus, experimenta momentos cheios de silêncio.

De uma maneira substancialmente mais otimista fala-se da experiência silenciosa de Deus na mística alemã da Idade Média. Para Mestre Eckhart, Johannes Tauler e Heinrich Seuse, o degrau mais elevado da oração é a união silenciosa com o mais profundo da alma, onde o próprio Deus repousa sem qualquer imagem. Quando nos desvinculamos de todas as nossas imagens, e mergulhamos no fundamento mais íntimo de nós mesmos livres de toda e qualquer imagem, então nós somos um com Deus. Mestre Eckhart acha que as imagens que fazemos de Deus podem impedir que o próprio Deus entre em nós:

> A menor imagem criada que se fixe em ti é tão grande como Deus: ela impede a presença de Deus inteiramente. Na medida em que esta imagem penetra em ti, Deus tem que ceder lugar, e na medida em que ela sai Deus entra[20].

No silêncio trata-se de nos desnudarmos de todas as imagens e ideias, a fim de que o caminho não fique bloqueado para Deus. Quando tivermos renunciado a todos os pensamentos próprios, quan-

---

20. MEISTER ECKEHART. *Das System seiner religiösen Lehre und Lebenweisheit.* Munique: [s.e.] 1926, p. 138 [Textbuch von O. Karrer].

do tivermos mandado embora o deus que nós criamos, estaremos dando a Deus a possibilidade de nascer em nós:

> É na essência mais íntima da alma, na última centelha da razão, que o nascimento de Deus acontece. No que a alma pode oferecer de mais puro, de mais nobre e de mais delicado, é aí que ele deve acontecer: naquele profundo silêncio aonde jamais chegou qualquer criatura nem qualquer imagem[21].

Em cada um de nós existe um lugarzinho onde o silêncio é completo, um lugar livre do ruído dos pensamentos, livre das preocupações e desejos. É um lugar em que nós mesmos nos encontramos inteiramente em nós. Este lugar, que não é perturbado por nenhum pensamento, é para Eckhart o que existe de mais precioso no homem, o ponto onde o verdadeiro encontro entre Deus e o homem pode ocorrer. A este lugar do silêncio nós precisamos avançar. Não temos necessidade de criá-lo, ele já existe, apenas está obstruído por nossos pensamentos e preocupações. Quando desobstruímos em nós este lugar do silêncio, podemos encontrar Deus assim como Ele é. Então não nos fixamos em nós e em nossos pensamentos, mas nos desvinculamos inteiramente de tudo, deixamo-nos cair no

---
21. Ibid, 173.

mistério de Deus que nos sustenta. Então não prescrevemos a Deus como Ele tem que vir ao nosso encontro, mas nos abrimos para a sua vinda assim como Ele a imaginou. Mesmo depois de havermos desobstruído em nós este lugar do silêncio, não podemos forçar uma experiência de Deus. Também aqui não podemos sentir senão o vazio e a escuridão. Mas então estaremos abertos à sua chegada, sem que estejamos curiosos e impacientes na expectativa de uma experiência de Deus.

Deixamos passar todas as expectativas, a expectativa de uma intensa experiência de Deus, toda expectativa de sentimentos de felicidade; de nossas ideias e imagens, de nós mesmos. Não temos necessidade de apresentar a Deus coisa alguma, nem pensamentos edificantes nem sentimentos piedosos. Simplesmente estamos diante de Deus – e em silêncio. Conservamos nosso coração vazio em sua presença para deixarmos que se encha com seu amor inefável, que já não pode ser descrito em palavras. Calamo-nos diante de Deus e aguardamos. Não sabemos se Deus vem e se Ele toma posse de nós. Sabemos pela fé que Ele está aí, mesmo que não o experimentemos. Perseverar e esperar, suportar também a não experiência de Deus, desapegar-nos da solidez da terra firme, deixarmo-nos cair no amor de Deus, abrir-nos para a presença de Deus sem a certeza de dela experimentarmos alguma coisa, é nisto que para os monges consiste o silêncio. É um silêncio ao mesmo tempo de experiência e de não-experiência, um silêncio pleno do sentido para a proximidade de Deus, é um silêncio esvaziado de todos os pensamentos e sentimentos humanos, um silêncio que ultrapassa toda experiência, um silêncio desapegado de toda busca de si mesmo e de toda experiência, um silêncio que se deixa cair confiantemente nos braços de Deus.

Conecte-se conosco:

f facebook.com/editoravozes

⬛ @editoravozes

𝕏 @editora_vozes

▶ youtube.com/editoravozes

🟢 +55 24 2233-9033

www.vozes.com.br

Conheça nossas lojas:

Belo Horizonte – Brasília – Campinas – Cuiabá – Curitiba
Fortaleza – Juiz de Fora – Petrópolis – Recife – São Paulo

  Vozes de Bolso

EDITORA VOZES LTDA.
Rua Frei Luís, 100 – Centro – Cep 25689-900 – Petrópolis, RJ
Tel.: (24) 2233-9000 – E-mail: vendas@vozes.com.br